AF232019

27
12
2270

ORAISON FUNÈBRE

DU

T.-R. P. THÉOFRÈDE RICHARD

PRONONCÉE LE 23 JANVIER 1866

DANS L'ÉGLISE PAROISSIALE DE S.-ROMAIN-D'AY

PAR

L'Abbé LACOSTE

CURÉ DE SAINT-ROMAIN-D'AY

———◦※◦———

PRIX : 1 FR. 20 C.

ANNONAY

Typ. et Lith. H.-C. Ranchon, rue du Champ, 72

—

1866

ORAISON FUNÈBRE

DU

T.-R. P. RICHARD

PRONONCÉE LE 23 JANVIER 1866

A son Office du bout du Mois

DANS L'ÉGLISE DE SAINT-ROMAIN-D'AY

Par l'Abbé LACOSTE.

———◁—❈—▷———

Beatus ille servus, quem, cùm venerit Dominus,
invenerit ita facientem.

Bienheureux le serviteur que le maître, quand il viendra,
trouvera agissant de la sorte (Luc, XXII. 43).

MESSIEURS ET CHERS AUDITEURS,

Ces paroles de mon texte vont faire tout le résumé de
l'oraison funèbre du T.-R. P. Richard.

Où était ce digne et excellent père, quand le maître
est venu? Où était-il? Il était au St tribunal de la pénitence, exerçant là, la plus sublime, la plus importante,
comme la plus difficile fonction du ministère sacerdotal.

C'est là que la mort vient le surprendre. Que dis-je, surprendre! Ce mot vrai toujours, puisque l'oracle même de la vérité l'a dit : *Qua hora non putatis, filius hominis veniet :* le fils de l'homme viendra à l'heure où vous y penserez le moins (Luc, xii. 40), ce mot, ma bouche hésite néanmoins à le prononcer en cette circonstance; car, je puis le dire, la constante préoccupation du T.-R. P. Richard a été la préparation à la mort.

A ce moment suprême où l'on se fait si facilement illusion, le R. P. Richard est averti par un de ses pieux et vénérés collègues, avec un zèle qui mérite d'être loué, que sa fin est prochaine; savez-vous ce que répondit notre vénérable moribond à un avertissement si charitable, et cela, dans ce simple et naïf langage que je me plais à reproduire textuellement? « Prêt à partir, prêt à partir. »

J'ai maintes fois entendu ce digne et zélé disciple de St Ignace aimant à s'appliquer et à redire aux autres ces paroles de l'Auteur de l'Imitation : *Age quod agis :* faites bien ce que vous faites; c'est-à-dire, en tout et partout, cherchez à faire la volonté de Dieu, et la mort n'aura pas lieu de vous surprendre.

On peut dire que la mort a emporté le R. P. Richard ainsi qu'un militaire sur le champ de bataille. Je vous ai dit, MM. et chers auditeurs, qu'il était employé à l'œuvre de Dieu par excellence; il administrait, en effet, le sacrement de pénitence quand se déclarèrent les premiers symptômes de la maladie qui devait si vite le précipiter au tombeau en l'enlevant à nos bien légitimes regrets. Qu'il me soit donc permis de m'écrier encore à son sujet : bienheureux ce serviteur que le maître, quand il viendra, trouvera agissant de la sorte; *Beatus ille servus, quem, cùm*

Dominus venerit, invenerit ita facientem (Luc, XII. 37.)

Prenons exemple sur notre cher défunt, mes chers auditeurs. Sachons profiter du temps que le bon Dieu nous donne, lequel, vous le savez, après la principale fin qui est de glorifier Dieu, ne nous est donné que pour nous préparer à la mort.

Quelle que soit la condition dans laquelle Dieu nous ait fait naître, quelle que soit la position sociale que nous occupions dans le monde, n'oublions jamais que la mort frappe, mais qu'elle frappe au moment où on s'y attend le moins. Nous devons donc nous tenir prêts : ce sera le moyen d'assurer notre bonheur éternel, selon ces paroles du même évangéliste : bienheureux les serviteurs que le maître, quand il viendra, trouvera veillant ainsi : *Beati servi illi, quos, cúm venerit Dominus, invenerit vigilantes!* (Luc, XII. 37.)

Je crois répondre au devoir de ma charge, aux désirs des enfants de St Ignace, principalement aux vœux des bien aimés habitants de cette paroisse qui ont particulièrement connu le R. P. Richard, en venant esquisser quelques traits de sa vie si bien remplie ainsi que de sa mort bien édifiante.

1° Considérons sa vie ; 2° considérons sa mort ; et nous ne pourrons nous empêcher d'être touchés des bons exemples qu'il offre à notre imitation.

I.

Théofrède Richard naquit à Abriès, tout près de la ville d'Embrun, dans le département des Hautes-Alpes, le 5 octobre 1794. Sa naissance, comme vous le voyez, date des plus mauvais jours de notre histoire. En ce temps de néfaste mémoire où la population catholique de notre malheureuse France fut si cruellement éprouvée, il se rencontra néanmoins toujours de ces âmes fortement trempées qui surent résister aux entraînements de l'esprit révolutionnaire, et qui surent par là même maintenir intact, malgré ce grand bouleversement social d'alors, le précieux trésor de la foi. Parmi ces illustres familles dignes d'exciter notre admiration par leur attachement aux traditions chrétiennes, il faut compter les parents qui ont donné le jour au R. P. Richard. Puisant à cette source les plus excellents principes religieux, le jeune Théofrède Richard se sentit appelé de bonne heure à se vouer tout entier au service de l'Église. Dès que sa raison lui permit de faire un choix, sa vocation fut toute trouvée ; un attrait tout particulier le porta à entrer dans la célèbre compagnie de Jésus. L'orage des persécutions était loin d'être apaisé ; plus que jamais donc en entrant surtout dans cet ordre célèbre, il était nécessaire au jeune Richard d'avoir cet esprit de dévoûment, d'humilité et d'abnégation, en un mot l'esprit de sacrifice. C'était précisément ce que recherchait notre jeune futur Jésuite. Aussi rien ne l'arrêta.

Il fallait, je le répéte, au temps dont nous parlons, oui, il fallait bien un certain courage ne fut-ce que pour se montrer franchement catholique. Bien jeune encore, Théofrède Richard fait preuve d'un tout autre courage, en manifestant hautement sa prédilection pour la société de Jésus qu'il sait être principalement alors en butte à toutes les calomnies et passions humaines. Non, non, il n'ignore point ce que dit aux oreilles d'un certain public le mot de *Jésuite*. Que lui importe ! Il ne recherche point la vaine gloire des hommes. Procurer la gloire de Dieu, sauver les âmes, voilà son unique ambition. Rien ne convenait donc mieux à ce cœur qui professait un souverain mépris pour les vanités du siècle que de suivre l'étendard de la très-illustre société de Jésus fondée par St Ignace de Loyola.

Cette société, tour à tour le point de mire vers lequel l'impiété a toujours eu un trait à lancer ; cette société le plus souvent persécutée, quelquefois soutenue par les uns, mais le plus souvent attaquée par les autres, parce qu'elle se trouve généralement à l'avant-garde contre les oppresseurs de l'Église. Cette société, le boulevard d'une fidélité inébranlable aux préceptes du divin Maître, diffamée, écrasée même, du moins en apparence, puis renaissant tout d'un coup pour ainsi dire de ses cendres ; cette société surnommée *une des colonnes de l'Église*, par l'un de nos plus illustres Évêques de France (Mgr l'Évêque d'Arras) ; cette société vouée à la haine de tous les ennemis de la religion catholique, apostolique et romaine ; cette société que l'on s'est efforcé d'avilir, mais qui fut toujours fidèle, bon gré malgré, au drapeau sans tache qu'elle s'était donné ; oui, c'est cette société à jamais célèbre qui captive tout entier le cœur généreux du jeune Théofrède Richard.

Il n'a que 21 ans, et déjà le mérite du jeune Jésuite commence à se faire remarquer. Il termine rapidement ses études, subit, d'après l'usage, les épreuves nécessaires, et son désir d'entrer dans la compagnie de Jésus se trouve désormais un fait définitivement accompli. Peu de temps après il fut reconnu digne d'en occuper les emplois les plus importants. On remarqua d'abord en lui une singulière aptitude pour le bon gouvernement de la jeunesse ; c'est pourquoi, mettant à profit ce rare talent, ses supérieurs l'envoyèrent tour-à-tour aux colléges de Dôle, de Sarlat, de Mongré et d'Aix en Provence. Il se trouvait dans cette dernière ville à la tête de plus de 400 élèves. C'était là comme partout ailleurs un père au milieu de ses enfants. Il savait, me disait un de ses respectables confrères (Le T. R. P. Robin), « se faire aimer et respecter tout à la fois, il avait toujours ce caractère égal. » A une grande bonté il joignait néanmoins, quand il le fallait, une grande fermeté. Il reconnaissait facilement et savait réprimer à propos et avec énergie les abus qui s'introduisent parfois dans les meilleurs colléges, parmi les élèves.

Il était dans la ville d'Aix en 1833, alors qu'un cruel fléau connu sous le nom de choléra y décimait ses habitants. C'est un miracle qu'il n'y ait pas été victime de son zèle et de son dévoûment. Ce que je vous dis là, MM. et chers auditeurs, je le tiens du R. P. Richard lui-même ; se serait-il douté que cela servirait un jour à faire son éloge. Il n'aimait pas à parler de lui. Ces détails m'ont été donnés indirectement par ce bon père. « A peine, me disait-il, quittais-je une rue que j'étais appelé dans une autre. Tel qui était bien portant le matin me faisait prier de venir l'administrer le soir, et souvent une heure après, il avait cessé de vivre. J'ai assisté dans leur dernier moment, en ces temps si malheureux, des personnes de tout rang, de tout âge et de toute condition. Les cas de choléra étaient si nombreux que je pouvais à peine prendre un moment de repos ; à peine même si parfois il me restait le temps suffisant pour réciter mon office.

Préposé plus tard à la conduite des élèves dans le collége de la ville de Sarlat, il y apporta toujours cette même bonté, ce caractère franc et égal qui le faisait chérir de tous ceux qui l'approchaient. Le père Richard avait déjà bien travaillé. Un incendie s'étant déclaré dans ce collége, tous ses écrits, notes et papiers divers, tous ses sermons devinrent la proie des flammes. Ce fait de peu d'importance à première vue, je tiens cependant à le relater ; car n'y eut-il pas, depuis ce sinistre, un double travail, une double peine pour ce bon père, quand il lui fallut prêcher ou remplir autres fonctions de son ministère? On sait qu'il connaissait bien la théologie qui est la science du prêtre. On aimait à l'entendre en chaire, parce que ce qu'il disait était clair, net et précis. Au confessionnal, ses décisions étaient généralement sages. C'était encore un talent à lui que de bien diriger les consciences.

Enfin, pendant 38 ans qu'il est resté dans la compagnie de Jésus, on l'a vu toujours prêt à aller là où l'appelait le devoir. Il était d'une obéissance exemplaire. Tous les pays, quelqu'en fut le climat, lui convenaient, dès lors qu'il savait que telle était la volonté de ses supérieurs. On a besoin de lui à la Louvesc ; on l'y appelle, il y arrive aussitôt, joyeux de faire la volonté de Dieu, parce qu'il obéissait à ses maîtres en Jésus-Christ. Il mena là une vie extrêmement active. Au confessionnal surtout, en chaire, dans la visite des malades, on le voyait prêt toujours et suffisant à tout.

Il vint de temps en temps prêter son concours au R. P. qui desservait, en ce temps-là, le sanctuaire de N.-D. d'Ay. C'est là qu'il a passé comme supérieur les dernières années de sa vie. Ici MM. et chers auditeurs, ma tâche devient plus facile ; vous tous qui l'avez connu, vous avez donc pu l'apprécier. La paroisse de St-Romain a eu le bonheur de le posséder pendant de nombreuses années, et elle garde avec religion ses dépouilles mortelles.

Pendant ces quelques années qu'il a passées au milieu de vous et qu'il vous a prodigué ses soins, quel est celui d'entre vous, braves habitants de cette paroisse, quel est celui d'entre vous qui n'a remarqué en ce père cet esprit de foi, ce zèle prudent et éclairé, et cette activité non pareille dans les diverses fonctions auxquelles il vaquait?

Qui n'a remarqué en lui surtout cette sûreté de jugement qui faisait qu'on aimait à le voir émettre son opinion pour pouvoir la suivre en toute sécurité? Aussi bref dans ses paroles qu'expéditif dans ses actes, il se trompait rarement; c'est que Dieu lui avait départi abondamment, ainsi que me le disait un de ses vénérables supérieurs qui le connaissait parfaitement, ce bon sens, si rare de nos jours, ce bon sens augmenté et fortifié encore par les lumières qu'il puisait dans l'amour d'une prière fervente et assidue, et dans l'habitude de diriger les consciences. Un long usage lui avait appris à bien connaître le cœur humain; c'est pourquoi il savait si bien appliquer à quiconque se dévoilant à lui sincèrement, le remède qu'il lui convenait. Il possédait le don éminent et tout particulier de savoir consoler. Dites, si je ne dis pas la vérité, vous qui avez été le consulter dans un moment de détresse, de peine ou de tribulation? Que de personnes pourraient me dire : J'avais bien des ennuis, j'ai fait part de mes peines au T.-R. P. Richard, je lui ai ouvert mon cœur et j'ai recouvré le calme et le contentement. » Il n'y a toujours eu qu'une voix pour dire : oh ! Que ce R. P. Richard est bon ! Il était en effet d'une bonté remarquable, si bien qu'une personne de la paroisse, personne de distinction et de mérite, capable de sainement juger des choses et des hommes me disait, en parlant du R. P. Richard, le jour même de sa

mort : « Je crois que c'est un saint ; tout au plus, pour-
rait-on peut-être, à cause de sa trop grande bonté, craindre
quelques jours de peines pour lui dans le lieu d'expiation. »
N'est-ce pas là faire le plus bel éloge de la bonté de ce
père ? Eh ! MM. et chers auditeurs, S'-François de Sales
possédait aussi cette vertu au suprême degré, et c'est par
le moyen de sa grande douceur qui faisait le fond de son
caractère qu'il a ramené tant d'âmes à Dieu. J'en dirai de
même de notre vénérable défunt ; oui, il était la bonté
personnifiée ; mais sait-on le nombre d'âmes qu'il a rame-
nées à Dieu par ce moyen là ? Que de pécheurs endurcis
dans le crime et désespérant peut-être de leur salut, il a
su de cette façon faire revenir à la lumière et au repentir !
Ce n'est pas seulement dans cette paroisse que le R. P.
Richard a fait tant de bien, en se faisant tout à tous,
comme l'Apôtre S' Paul. On le connaissait au loin ; c'est
aussi de bien loin qu'on venait, qui pour tranquilliser sa
conscience, qui pour lui demander un conseil, qui enfin,
pour puiser dans ce cœur tout plein d'une aimable douceur
les consolations dont il avait besoin.

De temps immémorial, le sanctuaire de N.-D. d'Ay,
autrement dit de N.-D. du bon Secours, a attiré les pieux
Fidèles venus des contrées plus ou moins éloignées ; ce
vénérable sanctuaire dédié à la mère de Dieu et qui
remonte, à ce qu'il paraît, à une si haute antiquité, fut
principalement dans les dernières années de la vie du
R. P. Richard le point central de ses travaux et de ses
affections. Il fallait le voir aux principales fêtes de l'année
consacrées par l'Église au culte de la bienheureuse Vierge ;
il se multipliait pour ainsi dire, passant le jour et quelquefois la nuit au confessionnal. Malgré son grand âge, il

ne laissait jamais paraître qu'il fut fatigué. Dans ces jours de grande affluence de pèlerins, c'était à peine s'il songeait à prendre un peu de nourriture qui lui devenait cependant bien indispensable à cet âge. Tout accablé de fatigue qu'il était, on ne voyait jamais percer en lui le moindre mécontentement. Il était toujours gai et content comme un homme sûr en conscience d'avoir accompli sa tâche et bien dignement rempli son devoir.

Dans une société quelconque, au milieu de ses collègues, c'était ce ton de franche et belle humeur. Non-seulement le clergé dont je crois être ici le fidèle interprète, mais les fidèles vénéraient ce pieux vieillard, aux allures simples, à la physionomie intelligente et douce que tant d'âmes avaient choisi pour directeur. On ne languissait jamais avec lui. Il s'oubliait lui-même pour ne s'occuper que des autres.

La divine providence a voulu laisser le R. P. Richard au milieu de nous ; mais ce n'est pas qu'il lui ait manqué ce désir très-vif, souvent manifesté à ses supérieurs, d'aller évangéliser les peuples ; mais son désir ne put être satisfait.

Les missions lointaines avaient bien lieu, en effet, de tenter un cœur généreux comme celui du père Richard. Nul doute qu'il n'eût marché sur les traces glorieuses de ceux qui l'avaient précédé dans cette noble carrière. Ces paroles du prophète convenaient bien à son cœur d'Apôtre. *Quàm speciosi pedes evangelizantium pacem, evangelizantium bona* (Rom. x, 15. Isaï, 52, 7) : Qu'ils sont beaux les pieds de ces hommes qui s'en vont au loin porter la bonne nouvelle, annonçant la paix et avec elle la source de tous biens. Il se représentait un S' François

Xavier qui s'est immortalisé à la conquête des âmes dans les Indes et le Japon. Ainsi que ce grand apôtre et tant d'autres appartenant pour une large part á la compagnie de Jésus, il aurait voulu voler au secours de ses frères égarés, de ces âmes ignorant encore la bonne nouvelle de l'Évangile. Mais je l'ai dit, la Providence en avait décidé autrement, et un autre champ fut ouvert à sa charité.

L'éducation de la jeunesse, fonction si délicate et si difficile surtout de nos jours ; prêcher dans nos contrées des retraites et des missions ; sa vie certes n'est point demeurée inactive. Faut-il vous nommer, en passant, quelques-unes des localités où il a fait éclater tout son zèle apostolique ? Aix, Bordeaux, Sarlat, Toulouse, Avignon, Valence, Dôle, et tant d'autres pays plus ou moins rapprochés de nous ont été les témoins de ses travaux infatigables ainsi que des peines et soins sans nombre qu'il s'est donnés pour ramener les peuples à la vraie croyance et à l'accomplissement de leurs plus chers devoirs. Quoique renfermé dans un cercle plus étroit, à la Louvesc, ici surtout, à N.-D. d'Ay, le T.-R. P. Richard, je tiens spécialement à le constater, a produit un bien immense. J'en appelle à vous, pieux fidèles de cette paroisse, c'est à vous à en rendre bon témoignage. N'est-il pas vrai que vous garderez à jamais le précieux souvenir de cet ami, et que vous chercherez à le perpétuer dans vos familles ?

Et vous, mes chers et vénérés confrères, vous qui l'avez connu d'une manière si intime, dites-moi, n'est-ce pas auprès de lui que vous avez trouvé le vrai ami et le vrai confident de vos peines ? Pour ce qui me concerne, je l'ai toujours vu se tenant, à la vérité, dans les limites de son droit, mais conciliant au possible. Peu importe par qui le bien se fasse, pourvu qu'il se fasse : telle était sa devise.

Voilà, en peu de mots, MM. et chers auditeurs, l'esquisse de la vie si bien remplie du R. P. Richard. Tant d'autres vertus cachées ont été pratiquées par lui ; Dieu seul les connaît. Vous avez vu quel était son zèle, sa prudence, son esprit conciliant, ses travaux tout apostoliques et son activité dans le service de Dieu. Ne nous contentons pas de l'admirer ; faisons nos efforts pour marcher sur ses traces. Ce sera pour nous comme pour ce bon père le moyen de nous préparer à la mort. Ce moyen, le monde ne le connaît guère, il sait encore moins l'apprécier ; mais il fait cependant les saints aux yeux de Dieu.

II.

La continuelle préoccupation du R. P. Richard, ai-je dit, fut de se préparer à la mort qui décide de notre sort éternel, comme vous le savez, mes chers auditeurs. Dès sa plus tendre jeunesse, à l'âge mûr et surtout au déclin de la vie, ainsi que je l'ai vu moi-même et me l'ont attesté les personnes qui l'ont connu, il sut profiter de tous ses instants pour se disposer au grand voyage de l'éternité.

L'idée de la mort que la plupart regardent comme importune était pour lui sa pensée favorite. Craignant par-dessus tout d'offenser Dieu, il méditait souvent, en effet, et aimait à répéter ces paroles de l'Ésprit-Saint : Souvenez-vous de vos fins dernières, et vous ne pécherez point : *Memorare novissima tua et in ceternum non pecabis* (Eccles. 7. 40). Le jour même de sa mort, l'on n'a pas été peu édifié de trouver sur son prie-dieu un tout petit ouvrage (*Bellecius*) et à l'endroit marqué certainement de sa main, de lire : *troisième moyen de se préparer à la mort par une retraite d'une journée*. Ne dirait-on pas vraiment qu'il devinait sa mort ou du moins qu'il avait un pressentiment de sa fin prochaine? Dieu a voulu lui faire cette grâce, cette grâce par excellence qu'il avait si souvent demandée, de mourir muni des derniers sacrements de l'Église. « Si vous me voyez malade, avait-il dit souvent au respectable supérieur des Jésuites de la Louvesc, administrez-moi ; venez, ajoutait-il, aussitôt que je vous ferai appeler. » Quatre ou cinq jours avant sa mort, il insistait encore plus que d'habitude auprès du R. P. Pascalin pour engager celui-ci à ne pas manquer de venir le voir à N.-D. d'Ay. Or, il y avait toute apparence que ce dernier ne se rendrait point aux désirs du père Richard, tant à cause du mauvais temps qu'il faisait à cette époque qu'à cause des nombreuses occupations dont était surchargé le R. P. qui devait cependant si providentiellement assister à ses derniers moments.

Comme Dieu est admirable dans ses saints, *mirabilis Deus in sanctis suis* (Ps. 67. V. 36), Le père, si impatiemment attendu et si vivement désiré arriva tout-à-coup comme à l'improviste. Au lieu de se rendre immédiatement auprès du R. P. Richard, chez qui il ne voulait rester que quelques heures, la pensée lui vint d'entrer un instant dans le sanctuaire béni de N.-D. d'Ay. Ce fut providentiel. Le père Richard était à confesser ; pouvait-il se douter, n'étant pas précisément malade, que sa dernière heure allait bientôt sonner? Il sort du confessionnal, et ayant aperçu son supérieur, vite il s'empresse de l'accompagner à son domicile. Après quelques mots d'entretien avec celui qu'il regardait tout à la fois comme son supérieur et son ami, le R. P. Richard éprouva tout d'un coup un de ces malaises, signes presque certains de la mort. Au bout d'un moment il ne parle plus, il perd même la connaissance. Le R. P. supérieur qui se trouve là providentiellement, comme Je viens de vous le dire, lui donne une dernière absolution. Un moment après, le R. P. Richard revient à lui-même et semble recouvrer toutes ses facultés ; c'était la plus grande grâce que le bon Dieu pût lui faire ; c'est avec une certaine difficulté qu'il parle, à la vérité ; mais de manière cependant à bien se faire comprendre. Il fait humblement sa confession comme le dernier des fidèles, reçoit l'huile sainte qui achève de le purifier, et l'indulgence *in articulo mortis*, qui lui ouvre, je le crois, les portes du paradis.

C'en est fait, le R. P. Richard peut encore s'entretenir intérieurement avec son Dieu ; mais de lui plus aucune parole bien articulée, plus de connaissance du moins en apparence, plus aucun souci de tout ce qui l'environne. Je me trompe, un bon frère veille auprès de lui ; c'est un va-et-vient des bons pères du couvent qui s'attendent a chaque instant à lui faire leurs derniers adieux. L'un d'eux cherche à mieux lui fixer entre les mains le crucifix qu'il semblait laisser échapper. Le R. P. Richard fait un mouvement pour mieux le retenir. S'il avait pu parler, je suis persuadé qu'il aurait dit : laissez, laissez-moi ce signe de ma rédemption, ce signe qui a vaincu le monde, ce signe, mon espérance et qui doit être pour moi bientôt le signe de mon triomphe. *In hoc signo vinces*.

J'allais oublier de parler de la patience et résignation du T.-R. P. Richard dans la maladie et les souffrances.

Depuis un certain temps, il n'était pas bien ; jamais cependant sa bouche n'a prononcé ce mot : je suis malade. Quelques mois avant la courte maladie qui l'a enlevé à nos bien justes regrets, il fut bien cruellement éprouvé. Cependant il ne se plaignait point. Il fallut un ordre du médecin pour l'engagér à prendre du repos. Les très-honorables sœurs trinitaires de l'hôpital d'Annonay qui l'ont soigné pendant cette cruelle maladie pourraient nous dire combien elles ont été édifiées de voir ce bon père, malgré ses atroces souffrances, toujours le même, calme et tranquille. C'est que la foi donne du courage. C'est que le R. P. Richard savait pourquoi il souffrait. Du reste, que voulait-il de plus que d'avoir encore cette ressemblance avec son divin maitre !

Le dernier combat allait se livrer, le terrible combat du trépas. Pour peu que Dieu laisse de connaissance à un homme dans ce moment redoutable, n'y a-t-il pas, ne doit-il pas y avoir, je me figure, comme une lutte désespérée ? L'âme qui se sépare du corps, oui, ce déchirement ne doit point se faire sans peine ni souffrance. Oh ! qui peut dire ce qui se passe en un instant donné dans le cœur d'un moribond ? Eh bien ! le R. P. Richard a eu tout le temps nécessaire d'éprouver toutes ces angoisses.

Malgré son entière soumission à la volonté de Dieu, malgré ses prévisions du sort à lui réservé, comme à tout le monde, il a eu nécessairement à lutter à cette heure suprême.

Mais N.-D. d'Ay au culte de laquelle s'était particulièrement voué le R. P. Richard, N.-D. d'Ay dont ce bon père a contribué pour sa grande part à rehausser l'éclat, N.-D. d'Ay, si chère au cœur de ce R. P. aura été là pour assister son digne serviteur. Patronne de la bonne mort, elle n'aura pas manqué de se souvenir en cet instant si précieux pour le père Richard, de ce qu'avait fait pour elle et pour son fils Jésus ce digne successeur des apôtres.

Le R. P. Richard passa la nuit du quatre au cinq décembre dans une sorte d'agonie ; il tenait toujours entre ses mains ce qui avait fait pendant sa vie son bonheur et sa consolation, l'image du divin rédempteur. Ce n'était que par intervalle qu'il laissait échapper quelques mots que l'on ne pouvait saisir ; mais on pouvait comprendre qu'il murmurait encore une fervente prière. Dieu seul voyait ce qui se passait dans ce cœur qui avait toujours été brûlant d'amour pour lui. Cet air serein, calme et tranquille rayonnant sur toute sa face, faisait clairement voir à tous ceux qui étaient auprès de son lit de douleur qu'il s'entretenait avec son Dieu. Cet entretien devait se continuer dans l'éternité, car il allait bientôt paraître devant celui qui a dit : Réjouissez-vous et tressaillez d'allégresse, car une magnifique récompense vous est réservée dans le ciel ; *Gaudete et exultate quoniam merces vestra copiosa est in cœlis* (Math. 5. 12).

Enfin, c'est le 5 décembre 1865, vers les trois heures et demie du matin qu'il a rendu sa belle âme à Dieu, à l'âge d'environ 72 ans.

A cette triste nouvelle, ce fut une vraie consternation dans toute la paroisse de St-Romain-d'Ay. L'on se disait les uns aux autres ; le bon père Richard se meurt, le bon père Richard est mort ! ! !

Il venait, en effet, de s'éteindre dans la douce paix du Seigneur celui qui avait été pendant de longues années le guide sûr, pieux et éclairé de tant d'âmes de cette paroisse

qu'il avait su si bien diriger dans les voies de la perfec-
tion et du salut.

Quoique mort, il parle encore ; *Defunctus ad'huc lo-
quitur* (Hébr. 11. 4). Il nous parle par le souvenir de ses
vertus et de ses bons exemples. Il est mort, et il nous
prêche encore plus que jamais la mortification. Ce n'est
qu'après sa mort, et en l'ensevelissant que l'on s'est aperçu
que ce vertueux père se donnait la discipline. Imita-
teur du grand Apôtre qui disait : je châtie mon corps et
le réduits en servitude, de crainte qu'après avoir prêché
aux autres les vérités du salut, je ne sois moi-même ré-
prouvé ; *castigo corpus meum et in servitutem redigo,
ne forte cùm aliis predicaverim, ipse reprobus efficiar.*
(Cor. 9. 27.) Voilà comment il nous parle.

Il est souverainement important de rendre sa mort précieuse devant Dieu, mes chers auditeurs.

Le monde lui-même, ce monde peu habitué à la pensée
de la mort demeure frappé d'admiration devant le cercueil
du juste. Il est forcé de convenir que c'est bien ainsi qu'il
désirerait mourir.

Puisse le souvenir de la mort de notre bien-aimé père
porter dans nos cœurs, mes chers auditeurs, de salutaires
pensées et d'heureux fruits de pénitence.

Les funérailles du R. P. Richard, modestes et pauvres
comme celles du dernier religieux, ont été magnifiques
par le concours empressé des excellents habitants de cette
paroisse qui sont venus rendre à cet homme de Dieu un
éclatant et public hommage de reconnaissance et de véné-
ration. Le clergé surtout, quoiqu'averti un peu tard, a
tenu à honneur de témoigner hautement de son tendre et
profond attachement pour le S[t] religieux qui s'est dévoué

tout entier à lui, soit en l'éclairant de ses sages conseils et de ses bons exemples, soit en lui venant en aide de plusieurs façons, dans les œuvres apostoliques, par les missions et les prédications de toutes sortes.

Voilà ma tâche terminée. J'aurais désiré pouvoir mieux faire. Il suffit pour votre édification, mes chers auditeurs, de vous avoir montré le très-respectable P. Richard toujours le même pour le service de Dieu, toujours bon envers tout le monde, toujours vigilant pour lui-même, toujours plein de zèle, toujours dévoué, toujours homme d'abnégation, toujours humble et recherchant les privations, enfin un homme dont la vie est pleine de mérite, ne devait-elle donc pas être couronnée par une sainte mort?

La mort, mes chers auditeurs, donne chaque jour de rudes leçons à la vie, c'est un avertissement continuel; tantôt elle vient comme la foudre éclairer et effrayer jusqu'à l'âme endurcie de l'impie; tantôt elle se présente, comme ici, sous une forme douce et consolante, pour encourager la vertu. Pour nous, jugeons-nous avant que vienne le jugement de Dieu; jugeons-nous sans miséricorde et sans orgueil; que chacun de nous se demande souvent : ma mort sera-t-elle édifiante pour les autres, glorieuse pour Dieu, précieuse pour moi-même? *Pretiosa in conspectu Domini mors sanctorum ejus.* (Ps. cxv. V. 15.) Ainsi soit-il.

www.ingramcontent.com/pod-product-compliance
Lightning Source LLC
Chambersburg PA
CBHW051157050726
47594CB00007B/2930